AF242863

L³h
.50

E.-V. VEUCLIN

LES
Guerres de la Révolution
ET
LES BERNAYENS

BERNAY

Imprimé par Y. E. Yeuclin

EN L'AN 1886

Guerres de la Révolution

I

1792-1795

RÉSUMÉ

La résistance insensée des intransigeants de l'ancien régime aux idées libérales et démocratiques de 1789, ont amené la déclaration de guerre à l'Autriche (20 avril 1792) et la violation du territoire français par la Prusse (5 juillet).

La déclaration de la patrie en danger (11 juillet) et le manifeste de Brunswick (25 juillet) ont provoqué un irrésisistible mouvement national dont les premiers actes sont les enrôlements volontaires et la déchéance de Louis XVI (10 août).

La prise, par les Prussiens, de Longwy (1) et de Verdun (23 août), enflamme encore plus le sentiment patriotique que la Liberté a allumé dans le cœur du peuple affranchi, et, un mois plus tard (20 septembre), la victoire de Valmy, remportée par Dumouriez sur le roi de Prusse et sur les meilleures troupes de l'Eu-

---

(1) « ... Longwy paraît avoir été plutôt livré « que pris. Quelques uns attribuent sa perte à « la lâcheté, plus à la trahison... » (*Lettre d'Adrien Buschey, maire de Bernay, et député, datée de Versailles, 29 août 1792*).

rope, ouvre la glorieuse et héroïque épopée dont nous empruntons le résumé à un éminent éducateur en histoire (1).

« D'octobre 1792 à janvier 1793 nos armées, recrutées par les enrôlements volontaires (2), prennent partout l'offensive.

« Au nord, Lille, bravement défendue par le commandant Ruault, a supporté victorieusement un siège mémorable. En novembre, Dumouriez attaque les Autrichiens, les bat à Jemmapes, et entre à Bruxelles. L'ennemi est rejeté derrière la Roër ; les Français sont maîtres de la Meuse et de l'Escaut.

« Sur le Rhin, Custine prend Spire, Worms, Mayence et Francfort.

« Aux Alpes, Montesquiou occupe la Savoie pendant que son lieutenant, Anselme, s'empare de Nice.

« Mais après la mort de Louis XVI, la coalition devient générale : l'Autriche, la Prusse, l'Empire d'Allemagne, l'Angleterre, la Hollande, l'Espagne, le Portugal, les Deux-Siciles, le pape, le roi de Sardaigne prennent les armes contre la France qu'ils appelaient « *la nouvelle Pologne* »

---

(1) Mr E. Zevort, recteur de l'Académie de Caen, chevalier de la Légion d'honneur, auteur de plusieurs traités très appréciés d'histoire de France, à l'usage des écoles primaires et secondaires. Nos citations sont empruntées à son excellent livre : *Leçons pratiques d'histoire de France... ; 3ª année.*

(2) Ces enrôlements donnèrent six cent mille hommes.

et qu'ils voulaient se partager comme ce malheureux pays.

« Bien que la Convention eût neuf armées sur pied : Dumouriez au Nord, Valence dans les Ardennes, Beurnonville sur la Moselle, Custine dans le Bas-Rhin, Kellermann aux Alpes, Biron en Italie, Servan dans les Pyrénées, La Bourdonnaye sur les côtes et Berryer à la tête de la réserve : bien que les forces républicaines eussent été remarquablement organisées par le ministre de la guerre, Dubois-Crancé, la France fut d'abord partout vaincue.

« Dumouriez évacue la Hollande et se replie sur la Belgique ; il y perd la bataille de Nerwinde ; il livre aux Autrichiens le ministre de la guerre et les commissaires que la Convention a envoyés auprès de lui, et, désespérant de pouvoir tourner contre la France les forces qu'il commande, il passe à l'ennemi. Les débris de son armée se retirent derrière la Scarpe ; l'ennemi prend Valenciennes et Condé.

« Aubert-Dubayet et Kléber avaient été obligés, le 10 avril, de s'enfermer dans Mayence, avec vingt mille Français. Les représentants Rewbell et Merlin de Thionville restèrent auprès d'eux, encourageant généraux et soldats de leur présence et de leur ardent patriotisme. Toujours au premier rang, Kléber défendit pied à pied pendant deux mois les approches de la place. Les Français étaient bien décidés à ne cesser la lutte que lorsque les vivres manqueraient : ils durent subir un affreux bombardement qui mit la ville de Mayence en feu et réduisit en cendres sa riche bibliothèque. Les vivres étant épuisés, aucun secours n'arrivant, les Français, après quatre mois de siège, acceptèrent, le 23 juillet 1793, une capitulation qui leur permettait de sortir de la ville avec armes et bagages et leur accordait tous les honneurs de la guerre. Ils s'étaient seulement engagés à ne pas servir de toute une année contre les troupes de la coalition.

« Kléber et ses soldats, qui reçurent le nom de *Mayençais*, furent chargés de pacifier la Vendée.

« La Vendée où la royauté avait conservé de nombreux partisans, fut aussi coupable que les émigrés qui allaient à l'étranger pour s'allier aux ennemis de la France. Révoltée contre la Convention, la Vendée avait infligé plusieurs défaites aux généraux républicains envoyés pour la réduire. Kléber fut plus habile et plus heureux : il remporta les victoires de Cholet et de Savenay.

« C'est à Cholet que périt Joseph Bara, un enfant de treize ans, que son héroïsme a rendu célèbre. Entouré par les Vendéens, il tomba percé de vingt coups de baïonnettes en criant : « Vive la République ! » David d'Angers la sculpté en marbre.

« Hoche, vainqueur des émigrés que

les Anglais avaient débarqués à Quiberon en 1795, acheva la pacification du pays en 1796.

Après la perte de Mayence, Landau fut bloqué par les Autrichiens, et les Français se retirèrent sur la Sarre et la Zorn.

« Dans les Alpes, nous fûmes vaincus à Saorgio. Dans les Pyrénées, le Roussillon fut envahi, et nous perdîmes Bellegarde.

« Aux colonies, les Anglais nous enlevèrent Tabago et Pondichéry.

« Les succès recommencent en septembre 1793, quand nos armées, désorganisées par l'émigration, ont été réconstituées, quand on a reconnu qu'il faut faire la guerre par *grandes masses*, au lieu de la faire par *colonnes isolées*, quand la Convention a décrété la levée en masse dans les termes suivants :

« ..... *Tous les Français sont en réquisition permanente pour le service des armées.*

« *Les jeunes gens iront au combat ; les hommes mariés forgeront des armes et transporteront des subsistances ; les femmes feront des tentes, des habits, et serviront dans les hôpitaux ; les enfants mettront les vieux linges en charpie ; les vieillards se feront porter sur les places publiques pour exciter les courages, prêcher la haine des rois et l'unité de la République.*

« *Les maisons nationales seront converties en casernes, les places publiques en ateliers d'armes.*

« *La levée sera générale ; les citoyens-non mariés ou veufs sans enfants, de 18 à 25 ans, marcheront les premiers. Ils se rendront sans délai au chef-lieu de leur district, où ils s'exerceront tous les jours au maniement des armes, en attendant l'ordre du départ..... »*

« Le succès répondit à ce prodigieux effort.

« Au nord, Houchard, vainqueur à Hondschoote, débloque Dunkerque. Jourdan, vainqueur à Wattigdies, débloque Maubeuge.

« Sur le Rhin, Hoche et Pichegru, commandants des armées de la Moselle et du Rhin, emportent les lignes de Wissembourg, débloquent Landau et rejettent les Autrichiens derrière le Rhin (décembre 1793).

« En 1794 et 1795, une offensive hardie porte nos soldats jusqu'aux Alpes et au Rhin. Carnot, qui a contribué au gain de la bataille de Wattignies, en marchant à la tête des troupes, est revenu à Paris rédiger les plans de campagne de nos généraux, correspondre avec nos quatorze armées et *organiser la victoire.*

« Sous la direction de ce grand homme de guerre, Pichegru, vainqueur dans dix combats, prend Ypres (avril-juin 1794), refoule les Anglais, franchit le Rhin et conquiert la Hollande. Le **30 janvier 1795,** sa cavalerie s'empare de la flotte hollandaise retenue par les glaces dans le Zuyderzée.

« En juin 1794, Jourdan, avec les armées de la Moselle et de la Sambre, est vainqueur à Fleurus, s'empare de Bruxelles, emporte Liège. Maëstricht, bat Clairfayt à Aldenhoven et entre à Coblentz.

« Aux Alpes, le champ de bataille de Sasrgio, qui nous a valu une défaite en 1793, nous vaut, en 1794, une victoire, bientôt suivie de celle de Loano.

« Aux Pyrénées, à l'est, Dugommier, vainqueur au Boulou, pénètre en Espagne, Pérignon et Augereau prennent Figuières; à l'ouest, Moncey franchit la Bidassoa et occupe le Guipuzcoa, après avoir pris Fontarabie, Saint-Sébastien et Tolosa.

« Sur mer, la perte de la Corse et de la Sardaigne est compensée par de glorieux faits d'armes.

« Le contre-amiral Villaret de Joyeuse, chargé par la Convention du commandement de la flotte de Brest, avait réorganisé les services et instruit les équipages. Le 16 mai 1794, il sortit du port pour protéger un convoi de grains venant d'Amérique.

« Le 1ᵉʳ juin, il dut livrer contre des forces supérieures un combat dans lequel il perdit plusieurs vaisseaux, entre autres le Vengeur.... (1).

« Les deux campagnes de 1793 et 1794 avaient eu pour résultats : vingt-sept victoires dont huit en bataille rangée, cent vingt combats, quatre-vingt mille ennemis tués, quatre-vingt-dix mille prisonniers, cent sei-

---

(1) L'auteur emprunte au livre de M. H. Moulin : *Histoire des marins de la République*, le récit de ce dramatique épisode.

ze places fortes ou villes importantes et deux cent trente forts ou redoutes occupés, trois mille huit cents canons, soixante-dix mille fusils et quatre-vingt-dix drapeaux enlevés à l'enne-mi.

« L'effectif de nos troupes avait été de un million vingt-six mille neuf cent cinquante hommes et de quatre-vingt-seize mille cinq cents vingt six chevaux.

Ces victoires détachent de la coalition la Prusse, qui nous cède, par le traité de Bâle (avril 1795), toute la rive gauche du Rhin; la Hollande, qui renonce, par le traité de la Haye (mai 1795), à la Flandre Hollandaise, à Maëstricht et à Van-loo; l'Espagne, qui abandonne, par le second traité de Bâle (juillet 1795), la partie espagnole de Saint-Domingue.

LES
Guerres de la Révolution

ET LES

BERNAYENS

INTRODUCTION

Les Bernayens qui, dès le début de la Révolution (1), avaient noblement soutenu l'antique et glorieuse réputation de leur cité ; les Bernayens, disons-nous, ne restèrent pas en arrière dans le grand élan patriotique qui ébranla la France.

Aussi, dès que la Patrie eut été déclarée en danger, le conseil général de la commune de Bernay se mît, le 17 juillet, en état de surveillance permanente et s'occupa ensuite activement des enrôlements volontaires.

Heureusement secondé par la chaleureuse éloquence d'un prêtre jeune et distingué, l'abbé Deshayes (2), le zèle du

---

(1) Au 10 août 1789, cinq compagnies, formées de plus de 800 volontaires, sont organisées à l'effet de maintenir l'ordre.

En 1792, lors des troubles de mars, 95 gardes nationaux de Bernay allèrent, avec 2 canons, au secours d'Evreux. (Cet épisode a été publié par M. Malbranche).

(2) Deshayes, Jean-François, âgé de 32 ans, prêtre habitué de la Couture, était le plus brillant orateur de Bernay. Le 13 août 1792, il fit, à deux carrefours de la ville, un discours sur le danger de la patrie et sur les devoirs des citoyens. (*Registre des délibérations municipales*).

conseil général porta vite des fruits, et, le premier jour d'inscription, le 16 août, 18 volontaires s'enrôlèrent pour la défense de la patrie, sur la frontière. En outre, le même jour, un grand nombre de citoyens et de citoyennes s'empressèrent à souscrire pour soutenir de leurs dons les efforts de leurs volontaires.

Quatre jours plus tard, 17 citoyens, volontairement et publiquement, promettent de servir la nation en qualité de grenadiers dans l'armée du Nord, pour le bataillon de Bernay.

La proclamation suivante est publiée, à son de tambour, dans toutes les communes voisines (1) :

LA PATRIE EST EN DANGER !

« C'est notre mère qui crie au secours.
« Nous tous ses enfants, courons à elle !
« Allez, partez, jeunes citoyens. Que vos
« bras vigoureux défendent la frontière ;
« nos dons soutiendront vos efforts. Plu-
« tôt mourir que de vivre esclaves ; plu-
« tôt exposer ses enfants que de les gar-
« der aux tyrans ; plutôt donner son ar-
« gent que de le laisser ravir ! C'est la

---

(1) Le 4 septembre, par ordre de la municipalité les tambours de la garde nationale, accompagnés des volontaires nouvellement enrôlés, se promènent dans la ville et les environs, « afin d'exciter le zèle des jeunes gens qui pour- « raient se décider à suivre le bon exemple de « leurs camarades. » — *Pièce de notre collection*.

« devise du canton de Bernay » (1).

Cette proclamation précède de quelques jours l'arrivée, à Bernay, de deux commmissaires de l'Assemblée nationale, les citoyens Lecointre et Albite, chargés d'exciter le patriotisme dans les départements. Ces commissaires trouvent dans la cité bernayenne des cœurs bien disposés. Le 3 septembre, la municipalité décide d'offrir aux volontaires deux pièces de canon du nombre de celles qui sont à la ville (2). Le 5, sur les exhortations de l'évêque Lindet, la garde nationale se désaisit de ses fusils pour armer les volontaires, dont le nombre dépasse 120. Les dons se multiplient en proportion des enrôlements : M. de Marsenne, commandant de la garde nationale et trésorier du district, donne en vaisselle plate au moins 3,000 francs.

Le 6 septembre, jour de l'élection des officiers des volontaires, le conseil général décide que deux autres pièces de canon seront offerts à l'Assemblée nationale, « comme un gage assuré du civisme « de la ville et de son désir de contribuer « de tout son pouvoir à maintenir sa li- « berté et repousser la tirannie. »

---

(1) Cette proclamation émane d'Adrien Buschey, maire de Bernay.

(2) Ces canons faisaient partie de l'artillerie confiée en dépôt, en 1789, par les princes de Broglie à la ville de Bernay ; dépôt dont nous avons rapporté les circonstances dans notre étude sur *Les huit canons du château de Broglie*.

Deux jours après, a lieu le départ, pour le camp de Meaux, des volontaires fournis par le district. Voici les noms de ces braves, formant trois compagnies : une de canonniers, une de grenadiers, une de fusiliers (1).

CANONNIERS :

Capitaine : Chappey Isaac. — Lieuten[t] : Aubey Pierre-Charles. — Sous-lieuten[t] : Villain François, 44 ans, (Tillières). — Sergent-major : Beaudrouet Pierre-Louis. — Sergents : Le Mercier Louis-André ; Vittecoq Adrien. — Caporaux : Hervieu Jean-Baptiste ; Deshaies Simon ; Huë Denis ; Thieulin (§). — Ouvriers : Coutainville Antoine ; David Jean-Louis ; Vivien Jean-Charles ; Hamel Justin (Orbec). — Sapeurs : Le Mercier Germain (§) ; Bunel Jean (Cambrai) (§) ; Deschamps Jean (St-Nicolas-du-Bosc-l'Abbé) (§) ; Neveu Pierre.

Faudet Noël. Lainé Joseph. Votier Jacques. Morin Michel-Louis (St-Vincent-du-Boulay). Touflet Pierre-François (idem). Maillet Jean-Louis-Aquilin. Accard Joseph. Fourey Jean (Le Mans). Foulon Michel (Champignole). Hervieu Jean-Charles. Granger Robert-Etienne. Vallée Pierre-Antoine Epiphane. Delanney Léonard. Pitache Nicolas (*). Blanvilain Jacques-Oli-

---

(1) Ce signe (§) indique la mention : *revenu*, celui-ci (*) indique la mention : *mort*, qui figure sur la liste transcrite au registre municipal. — Beaucoup de ces volontaires étaient de Bernay.

vier. Le Blin. Ozannne Pierre-André. Deschamps (§). Deschamps (§). Doinel Philipe. Vilain Pierre-Henry. Maroquesne Robert (Chambrais). Saussay. Forfait. Martin Thomas. Legris Louis. Mauduit Jean (Montivilliers). Le Mercier Louis-André. Picquenot. — Conducteurs : Trouet.

GRENADIERS :

Capitaine : Terrier Joseph-Denis (Bosbénard). 37 ans. — Lieutenant : Le Normand André-Louis, 24 ans. — Sous-lieutenant : Desplanches Jean-Baptiste, 36 ans. — Sergents : Buzot Jean-Charles ; Lecoq Jacques, 30 ans. — Caporaux : Harang Pierre-Nicolas, 25 ans (St-Victor-de-Chrétienville) ; Quesnel Jean-Baptiste, 24 ans.

Léger Jacques (Rournainville). Legendre Jean-Baptiste, 21 ans (Boissy), Lambert Jean, 18 ans (Thevray). Pillon. Morin François, 18 ans, (La Jeune-Lyre). Loriot Nicolas, 21 ans (Bois-André). Salle Etienne, 20 ans. Quesnel Jean-Baptiste, 24 ans. Petit Charles-François, 36 ans. Soupetard. Anglevent Jean-Louis-Désiré (*). Dupont Dominique-Thierry. Bazire François. Miard Luc (§). Descours Laurent. Laquèze Jean (*). La Croix Valentin. Le Comte Joseph. Saulot Michel. Le Bourg (§ *). Bourelet Pierre. Fortin Pierre-Gabriel. Lemaître. Leclerc Jacques. Buisson. Surdon Baptiste. Derouet Guillaume-Françˢ (§). Janvry. Andrieu. Oursel. Salliot. Jonios. Querrière.

FUSILIERS :

Capitaine : Jouen-Desmares Louis. — Lieutenant : Ecalard Jean-Louis. — Sous-lieuten[t] : Bouchard Pierre. — Sergents : Le Hure François. 19 ans (Bernay) ; Bucaille Pierre-Nicolas-André. — Caporaux : Laroche Henry-François ; Mesnel Clément; Blanvilain Jean-Olivier ; Jouen Martin (Courbépine).

Marinier Jean-Pierre. Bunel Jean-Mich[l]. Thulou Jean (St-Aubin-le-Vertueux). Coulbeaux Michel-Robert. Hébert Jean-Baptiste (Corneville). Jullien Noël (Thenney). Marie Philippe (St-Germain-du-Criou). Louvigny Jean-Gabriel. Menier François. Lepinay Gabriel Nicolas. Legenvre Clément. Berthaume Jacques. Le Renard Nicolas. Chrétien Jacques. Langlois Jacques. Hervieu Jean-Baptiste. Raillier Pierre-Rémy-Mathurin. Deshais Jacques. Le Bertre-L[s]-Auguste. Lefêvre Robert-André. Chanu Jacques-Flavien. Helart Jean-Pierre. Sanlot Pierre (*). Bautier Robert (Grandcamp). Morel Germain. François Etienne. Delapierre Jacques. Jouen Jacques. Thiboult Pierre (St-Hilaire). Marais Jean. Helix F[s]. Desloges Sébastien-Simon (Rosny). Leroy Jean-François. Léonard Joseph. Le Marinier Pierre. Fromage Gabriel-Franç[s], Noël Robert-Charles-Etienne. Lieuvin Hyppol[e]. Auvray Jacques (Rostes). Jourdan Const[t]-Guillaume (St-Pierre-de-Cernières). Legay Jos[h] (Chambrais). Lefrançois Jean. Guerrier Pierre (Piencourt). Legrand Pierre-

Louis. Mailloc Jean-René. Picquenot Jean..
Paumier Guillaume. Lasnier Pierre. Leu-
de André-François. Follin François Philip-
pe-Jean. Marais Thomas-Richard. Malno-
ce Louis. Périer Louis. - Aide-chirurgien :
Dien Louis.

Composé de 153 hommes, le détachement des volontaires bernayens, accompagné de son artillerie (1) et de 2 chariots (2), les capitaines montés (3), quitte
donc Bernay, le dit jour 8 septembre, à
6 heures du soir. Il est escorté, jusqu'à
un quart de lieue de la ville, sur la route
de Rouen, par les autorités, la garde nationale, la musique et un grand nombre
de citoyens et citoyennes ; « chacun s'est
« empressé de témoigner à ces généreux
« citoyens sa reconnaissance pour leur dé-

----

(1) Les deux plus gros canons étaient traînés
chacun par 4 chevaux : 2 de M. de Broglie, 1 de
M. Barrey, 1 de M. Chanu, 2 de M. Le Sei-
gneur, 2 de M. de La Roque. Les 3 autres canons étaient traînés chacun par 2 chevaux : 1
de M. Dauvet, 1 de M. Dirlande, 1 de Mlle Marc
Duval, 1 de M. Cernu, 1 de M. de Broglie, 1 de
M. de Louvigny.

(2) Ces chariots avaient été donnés par M. de
Bosc-Henry de Plainville et par M. de Colonia.
Chaque chariot était traîné par 4 chevaux : 2 de
chez M. Laroche, 2 de chez M. de Liberge, 2 de
chez M. de Colonia, 2 de chez M. Dauger.

Le surlendemain, M. Pierre-Georges-Marie
du Fay, de Carsix, offre 1 chariot et 4 chevaux
pour transporter de la farine au camp de Meaux.

(3) Les chevaux des capitaines venaient de
M. de Bellemare, de M. de Baudrieu, de M.
Chanu.

« vouement à la défense de la Patrie, et
« l'assurance des vœux que tous forment
« pour le succès de leurs armes... » (1).
Ajoutons qu'une somme de 50 francs, provenant des dons, avait été remise à chacun des volontaires

Maintenant, voyons les autres témoignages de l'ardent patriotisme de Bernay et de ses volontaires durant la terrible période de 1792-1795.

1792

Arrivée des volontaires à Paris.

Le 15 septembre, les volontaires bernayens arrivent à Paris où ils sont reçus au cris de : Bravo ! Vive la Liberté ! etc.

Le lendemain, ils se présentent à l'Assemblée nationale, dans la séance de laquelle ils sont accueillis avec enthousiasme. Leur commandant fait part à l'Assemblée des dispositions de la ville de Bernay à l'égard des six canons qu'elle avait remis à ses volontaires. Après avoir reçu le serment de dévouement de ces volontaires, l'Assemblée décréte qu'il leur sera donné un drapeau ; ils jurent tous de ne l'abandonner qu'à la mort (2).

---

(1) Registre des délibérations municipales.
(2) Malgré leur serment, 4 volontaires désertent peu de temps après; l'un est Buisson, grenadier ; un second grenadier est de St-Germain-la-Campagne.

Envoyés d'abord à la caserne des Gardes français, rue de Babylone, les grenadiers en partent le 27, sur l'ordre de Santerre, pour se rendre à Courbevoie, de même que les fusiliers, mais ils laissent, à regret, sur la place ci-devant Royale, leurs six canons.

Arrivées à Courbevoie, à une lieue de Paris, les deux compagnies prennent possession de la ci-devant caserne des Suisses où tout le mobilier est trouvé dévasté et en désordre, personne n'étant entré dons cette caserne depuis que les Parisiens y étaient venus pour égorger les Suisses qui s'y étaient retirés après l'affaire du 10 août (1).

Le narrateur ajoute : « ... Je crois que « nous resterons là jusqu'à ce que le camp « sous Paris soit prêt à nous recevoir. On « se dispose à combler nos vœux en nous « exerçant fréquemment. Bientôt, si cela « dépend de nous, nous serons parfaite- « ment instruits. » (2)

Conformément à la loi du 3 août, la municipalité de Bernay s'occupe activement, à partir du 8 octobre, de la fabrication des piques destinées à l'armement des

---

(1) Ce massacre, conséquence de la prise des Tuileries par le peuple, fut le prélude des massacres de septembre et des horreurs de 93.

(2) Lettre de Le Bourg fils, grenadier, à la Société populaire. Ce volontaire revint malade, à la fin de novembre, et mourut peu après.

gardes nationales du canton (1).

1er novembre. — Fête nationale à l'occasion des succès des armées de la République dans la Savoie. — La garde nationale et les amateurs de musique escortent les autorités qui, vers 3 heures du soir, précédées d'une pièce de canon, se rendent sur la place de la Fédération où avait été préparé un baliveau de chêne environné de plusieurs fagots pour former un feu de joie qui est allumé par les autorités (2). — Pendant la durée du feu, l'hymne des Marseillais est chanté et les musiciens répètent l'air ; plusieurs citoyens et citoyennes mêlent leur chant à ceux des corps administratifs, judiciaires et municipaux. Un autre hymne relatif aux différents avantages remportés par

----

(1) Ces piques, faites sur un modèle donné, étaient estampées des initiales A N. ; les lots de 25 piques garnies de leur pivot et virole, s'adjugeaient de 6 livres 5 sols à 6 l. 10 s. Les hampes, en bois de frêne, de quartier, avaient six pieds de long, 16 lignes dans le haut et 18 dans le bas ; elles coûtaient 15 sols le cent. A Paris, Buisson publia le *Manuel du citoyen armé de pique*, par un citoyen ami de la liberté ; prix : 20 sols à Paris et 15 sols franc de port dans tous les départements.

(2) La veille, les administrateurs du directoire du district, en permettant aux citoyens de prendre, dans le bois d'Alençon, le baliveau de chêne pour le feu de joie de la fête civique, leur écrivent : « ... Puisse le feu que vous allumerez « exciter dans tous les cœurs l'amour sacré de « la patrie ! »

les armées françaises, est chanté avec beaucoup de démonstrations de joie. Trois coups de canon sont tirés..... — Le soir, illumination générale (1).

1793

3 janvier. — 5 volontaires de Bernay, ayant quitté leur drapeau sans congé, rentrent chez eux : ils déclarent n'avoir entendu servir la patrie que pendant trois mois...; ils rendent leur habillement et les 50 livres qu'ils avaient reçus. — La Municipalité blâme ces déserteurs et arrête, le 5 février, que leur nom sera publiquement affiché.

4 mars. — Adresse de la municipalité aux citoyens, relative à la loi du 24 févr ordonnant la levée de 300,000 hommes. Bernay en a 30 à fournir. Dès le second jour de l'ouverture du registre, 31 volontaires s'inscrivent; voici leurs noms :

Gontier Louis. Métayer Ambroise. Durand Pierre. Mallet Pierre. Moulin Robert. Thuret François. Lepiney Pierre. Bignaux Alexandre. Dutheil Pierre-Simon. Daviel Jacques. Vennehard Pierre. Hannoy F^ois. Vincent Pierre-Augustin. Hannoy Franç^s le jeune. Guerinot Louis. Guerinot Pierre. Hébert Guillaume-Martin. Couturier Guillaume. Leveillé Adrien. Desrocques Jacques. Frontin Guillaume. Dubois Jean-B^te.

---

(1) Registre des délibérations municipales.

Julien Pierre-Nicolas. Julien Pierre-Thomas. Vernet Charles-Benoît. Le Bertre Louis-Julien. Cauvin André. Camus Jacques. Vivien Pierre-François. Rivière Jacques. Theribout Pierre. — Inscrits le 11, ces 31 volontaires sont armés, le 16, de fusils remis, le 13, par la garde nationale. — A cette date, Bernay a fourni à la nation, depuis six mois, tant dans la troupe de ligne que dans les volontaires, plus de 400 citoyens.

Un conventionnel de Bernay, Du Roy, Jean-Michel (1), a, dans le même temps, l'honneur d'être nommé commissaire pour presser le recrutement des armées. Le 10 mars, il écrit à la municipalité de Bernay qu'il va se rendre, à cet effet, dans l'Eure et dans sa ville natale. — Par une autre lettre non datée, Du Roy informe ses concitoyens qu'il est envoyé, en qualité de représentant du peuple, auprès de l'armée commandée par Custine ; il espère que ce général délivrera Mayence.

6 avril. — La garde nationale réunie, en armes, sur la place de la Liberté, entend la lecture du décret du 3 avril qui déclare Dumouriez traître à la patrie. Au sujet de cette trahison, la municipalité rédige une proclamation qu'elle consigne sur le registre communal.

____

(1) Du Roy, né à Bernay, fut avocat, juge, puis député à la Convention où il fit partie de la Montagne. Il fut gnillotiné le 26 prairial an IV.

C'est ici le lieu de dire que Dumouriez eut sous ses ordres un bernayen dont le nom va apparaître bientôt dans les épouvantables guerres de la Vendée ; nous voulons parler de Huché (1), alors premier lieutenant-colonel commandant. Cassé de son grade par Dumouriez, le 5 mars 1793, Huché est envoyé, dans les premiers jours de mai, aux armées des côtes de la Rochelle, en qualité d'adjoint à l'état-major ; il prend part aux affaires de la Fougereuse, de Montreuil et du Bussault. La veille de la prise de Saumur (9 juin), l'armée républicaine ayant été attaquée par des forces supérieures, et abandonnée par son général, Huché est chargé du commandement et opère avantageusement sa retraite sur Parthenay, après 32 heures de marche. — Au mois de septembre suivant, nommé adjudant-général-chef de brigade, il est chargé de mettre Mayenne en état de défense, mais la supériorité numérique des ennemis l'oblige à se replier sur Alençon, sans perdre un seul homme, ce qui lui mérite le grade de général de brigade...

Laissons Huché à Alençon où nous le

______

(1) Huché, J.-B^{te}-Michel-Antoine, né a Bernay en 1745, s'était engagé à l'âge de 18 ans. — M. le docteur Cordier a publié, dans " l'Avenir de Bernay ", il y a une douzaine d'années la *Biographie de Huché de Bernay*, sur lequel Mr A. Goujon n'a pas daigné dire un mot, même dans la seconde édition (?) au rabais (!) de son chef-d'œuvre historique couronné... sans rapport !!!

retrouverons plus tard, et revenons à Bernay.

28 avril. — Trois volontaires du 2ᵉ bataillon de l'Eure, sortis de l'hôpital de Valenciennes et revenus à Bernay, reçoivent du conseil général l'ordre de quitter la ville dans 24 heures, pour réjoindre leur bataillon.

22 mai. — La municipalité décide de vendre quatre vieux canons de fonte (1), dont deux sont cassés et tous hors de service, afin d'aider à payer les 200 boulets commandés au citoyen Mattard, maître de forges (2).

26 mai. — Assemblée des garçons et veufs sans enfants, qui doivent fournir le contingent de la cavalerie décrétée par la Convention.

13 juin. — Les 21 canonniers demandent à faire leur service gratuitement, renonçant à la gratification qui leur avait été accordée le 26 mars.

25 juin. — Les autorités cherchent, par leurs discours et leur cordiale réception, à ramener à des sentiments meilleurs un détachement de 237 citoyens armés, allant de Caen à Paris, avec 2 canons et

---

(1) Ces canons étaient ceux qui armaient la Grosse-Tour, au XVIᵉ siècle, et dont les Bénédictins s'étaient emparés, ainsi que nous l'avons rapporté dans un article de journal, en 1881. La vente de ces canons produisit 178 livres.

(2) En mars 1793, avait été organisée une école de canonniers composée de 21 citoyens, y compris leur chef, le ctioyen Jouvin.

portant la bannière du Calvados, dèparte-
ment rebelle, ainsi que l'Eure.

6 juillet. — Bernay se trouvant entre 2
départements rebelles (1) demande au
gouvernement 500 fusils et des munitions.

26 août. — Les exercices des armes à
feu ont lieu tous les dimanches et fêtes, à
partir de ce jour.

22 septembre. — Les citoyennes sont
invitées à porter, au côté gauche de la tête, la cocarde nationale. — Défense aux
marchands de vendre cette cocarde plus
de dix sols.

23 octobre. — A l'exception d'une, les
cloches de Ste-Croix, de la Couture et de
l'hôpital seront descendues afin de servir
à fondre des canons.

2 novembre. — Informés que les Vendéens entrés dans Mayenne ménacent le
département dc l'Orne, le conseil général
du district de Bernay se concerte avec les
autorités constituées de cette ville pour
envoyer au département menacé les secours en hommes, armes et munitions
qu'il demande. Réquisitions à cet effet.

Peu après, la Convention déclare que
Bernay a bien mérité de la Patrie.

10 novembre, — La Société populaire

---

(1) A la Rivière-Thibouville, le 6 juillet, des
dragons de la Manche commettent dds actes hos-
tiles envers le gouvernement de la Republique.

Le 19 août, 10 volontaires revenant de la
Vendée, sont arrêtés, à la Commanderie, pour
actes et propos royalistes.

et la municipalité prennent le bonnet rouge (1),

La Société populaire fait l'offrande à la République d'un cavalier armé, équipé et monté. Ce cavalier est le citoyen Marie Jean-Charles.

24 novembre. — Les citoyens Lacroix, Louchet et Le Gendre, représentants du peuple, arrivent à Bernay ; ils félicitent la commune du parti qu'elle avait pris lors du fédéralisme du département de l'Eure.

30 novembre. — Dauger, de Menneval, donne la somme de 500 livres qui est employée eu secours aux familles des défenseurs de la patrie.

Le sergent-major de la compagnie des jeunes citoyens qui partent de Bernay pour la première réquisition est un ci-devant vicaire de Ste-Croix, Michel Lehure, âgé de 22 ans, à qui sont remis 2 pistolets et un sabre, don du citoyen Belzeaux.

Jean-Baptiste Hubert déclare équiper son fils, volontaire.

5 décembre. — Lebourg, curé de Ste-Croix, fait don d'un fusil à Jacques-François Le Bertre, volontaire.

10 décembre. — Chevalier, maître d'armes, offre ses services pour apprendre au cavalier à tirer des armes. Doré propose

---

(1) Le 24 octobre, les 2 drapeaux tricolores donnés à la garde nationale, le 25 août 1789, sont remis, pour être brûlés, à la municipalité.

de lui apprendre l'exercice à pied. — Deschamps fait don d'un sabre, d'un pistolet
et de la somme de 10 livres.

2 décembre. — Les jeunes citoyens de
la première réquisition se présentent devant le conseil général ; ils jurent de partir au premier signal et de remporter les
lauriers de la victoire ou qu'ils mourront
sur le champ de bataille.

18 décembre. — François Riquier fils,
ancien volontaire, estropié, donne un sabre et une giberne.

La lettre suivante montre que les premiers volontaires de Bernay firent bonne
et fière figure dans l'armée de Kléber.

*Isaac Chappey, capitaine de la 1ʳᵉ Cⁱᵉ
d'Artillerie au 5ᵉ Bataillon de l'Eure, aux
officiers municipaux de Bernay.*

‹ A Vendeuvre, le 7 août 1793.

Après avoir rappelé sa précédente lettre de Savre libre, du 30 juillet, annon-
çant qu'ils faisaient route pour Brasset ?
où ils devaient passer quelque temps pour
y prendre tout le repos dont leur armée a
le plus grand besoin, Chappey ajoute :

› Il paraît que la Convention nationale
compte beaucoup sur nous, puisque nous
venons de recevoir l'ordre à l'instant de
partir demain, ainsi journellement de sui-
te par sections de mille hommes, pour
nous rendre sans aucun délai à Orléans
et de là à Tours. Si l'armée de Mayence,

malgré tous les infâmes propos des malveillants, a su gagner son estime, elle saura encore malgré eux et surtout à leurs dépens, se la conserver en les poursuivant à toute outrance.

« Le faible récit que je vous ai fait, citoyens, des maux que nous avons souffert pendant notre blocus est encore infiniment au-dessous de la peine que nous avons justement ressentie en arrivant à Metz pénétrés de chaleur et surtout accablés, puisque, depuis notre évacuation de Mayence jusqu'à Toul, nous avons continuellement fait la route à pied (1), aussi plusieurs volontaires de divers bataillons sont-ils tombés morts de fatigue en route.

« Croirés-vous, citoyens, croirés-vous qu'en entrant dans la ville nous nous sommes entendus traiter de lâches et que nous devions encore nous estimer heureux de ne pas être licenciés, en nous faisant passer le long des remparts pour prendre notre logement au bivac et bien au large de ses murs. (N^ta Ce lieu de repos ne m'est sûrement pas inconnu, car depuis l'instant du blocus (?) jusqu'au 30 juillet, je compte 124 jours sur lesquels j'ai habité cet azile pendant 77 sans avoir deshabillé que pour changer de linge).

---

(1) Chappey avait un cheval en partant de Philsbourg, mais il avait dû le vendre, bien que borgne, parce qu'il n'y avait plus que les lieutenants-colonels à qui il fût permis d'en avoir. (*Lettre susdite de Chappey*).

« La colonne aussitôt rendue sur le lieu qu'on lui avoit destiné, au nombre de 7 mille hommes, et justement indignée d'un tel procédé, s'est en partie portée à la ville, fière de sa propre conscience, pour lui demander vengeance d'un tel affront. Moi-même j'ai été chercher la municipalité en la traitant à mon tour et avec juste raison de traîtres et de lâches : ensuite je l'ai amenée promptement, ne sachant plus quelle contenance tenir, sur le lieu qu'elle avoit choisi, j'ose le dire, pour d'aussi braves défenseurs que nous. Enfin revenue de son indigne erreur, elle a avoué hautement, en présence de l'armée, qu'elle avoit été trompée et qu'elle avoit même déjà donné ses ordres pour arrêter plusieurs personnes en place qui sûrement ne tarderoient pas à être victimes de leurs infâmes procédés. Il n'y a pas de moyens qu'elle n'ait pris pour appaiser la fermentation qui régnoit alors, et le bon accueil que nous avons reçus de tous les habitants de la ville n'a pas peu contribué à rétablir promptement l'ordre et la paix.

« Je vous avouë que cette scène m'a fait frémir de crainte et d'horreur, car j'ai vû le moment où la ville alloit devenir le plus sanglant carnage que peut-être on aye jamais vû. Dans l'espace d'une heure il a été affiché dans tous les endroits de la ville, dont l'étenduë est immense, un nombre infini d'imprimés qui justifiaient notre bravoure et par conséquent prou-

voient la trame perfide des lâches ennemis du bien public. Le soir même tous les
clubs retentissoient du bruit qu'on chan-
toit de nos valeureuses sorties sur l'ennemi, au nombre de 121, et la nuit s'est
passée en fêtes sans aucuns troubles. Enfin le lendemain matin à 5 heures, tous
les membres du directoire avec la municipalité en écharpe nous ont conduits jusqu'à près de deux lieuës de distance au
son de la plus brillante musique qui n'a
été interrompue que pour nous faire part
de plusieurs adresses qu'elle venoit d'envoyer pour nous à la Convention nationale. Ensuite nous nous sommes donné
le baiser de paix en jurant tous ensemble
mort aux tyrans et fraternelle amitié aux
vrais citoyens.

« J'ai vû dans plusieurs papiers que
nous étions indignement calomniés......,
que notre armée n'avoit pas tiré plus de
7 à 8 coups de canon pendant tout le blocus. Hélas ! quelle calomnie. Dans la journée du 26 au 27 juin, il a été brûlé seulement au fort St-Charles, où j'ai comman-
dé la batterie des cavaliers pendant 21
jours, 3 milliers de poudre, et dans celle
du 28 au 29, il en a été brûlé à peu près
autant. Enfin, le feu que nous avons fait
dans ce malheureux fort, qui a été entiè-
rement rasé, a été si violent que plusieurs
de nos pièces du calibre de 16 se sont ou-
vertes par la trop grande chaleur, quoiqu'elles fussent souvent rafraîchies. A

chaque instant on voyoit retirer pour nous
de différentes batteries des remparts plusieurs pièces qui nous arrivoient non seulement pour la première cause, mais même encore pour celles qui se trouvoient
démontées d'un instant à l'autre.

« Si j'ai chanté, avec juste raison, l'é-
loge de ma compagnie, il n'en a pas
été de même de tout le reste du bataillon
(je ne parle point du détachement de Bernay, je suis loin de lui attribuer aucuns
reproches), mais je dis hautement que
tous les volontaires ne sont pas braves,
car dans le détachement, au nombre de
42 hommes, que j'avais avec moi au fort
St-Charles, composé de diverses compagnies, plusieurs se sont cachés non seulement dans les fossés, mais même encore
sous les souterrains où la peur les avoit
conduits à pas de géant. Je vous laisse à
penser de la manière avec laquelle je les
ai ramenés à leur poste. Il est vray le feu
que l'ennemi a dirigé sur nous pendant
20 jours étoit bien fait pour en imposer,
mais aussi a-t-il été dit après que le nôtre sembloit sortir de l'enfer. »

En post-scriptum, Chappey ajoute qu'il
n'a pu, faute de temps, mettre sa lettre à
la poste de Veudeuvre, et qu'elle part, le
11 août, de Troyes. « Demain — continue-
t-il — nous partons pour Sens, pour nous
rendre, dit-on, sans séjour jusqu'à Tours.
Nous avons depuis 3 jours réglément 7 à
8 cents voitures pour porter l'armée, c'est-

à-dire seulement la seconde colonne.....

« Dans le moment où je me disposois à ployer cette lettre, le citoyen Merlin, député de la Convention nationale à Mayence, et par conséquent qui a été témoin de tous nos exploits de manière même à ne pouvoir en douter, puisque souvent il marchoit à notre tête plutôt en vray soldat républicain que comme représentant du peuple, arrive sur le champ de Paris. Il a aussitôt fait battre la générale pour annoncer à toute la garnison de Mayence que la Convention nationale avait décreté qu'elle avoit bien mérité de la patrie... »

1794

Le 3 janvier (13 nivôse an II), un détachement de chasseurs de l'Eure, de passage à Bernay, assiste à la séance de la Société et dépose sur le bureau sa route et les certificats de sa bonne conduite, de sa bravoure et de son civisme délivrés par les chefs de l'état-major de l'armée de Grandville et de la division de l'armée de Tilli. — Un volontaire a dit avec énergie le vif désir qu'avait le corps des chasseurs de l'Eure de continuer d'être utile à la République. Il a exposé ce que ce détachement a fait pour elle, la part glorieuse qu'il a eue aux jours mémorables de Grandville et du Mans. Il a ajouté que ce corps, après tout ce qu'il a souffert, se

trouvait réduit à 6 volontaires (1) et 6 officiers ; que dans cet état de faiblésse il
avait reçu ordre de se rendre à Evreux
où devait être son dèpôt ; que là il lui a
été ordonné de repartir sur le champ ; que
ne sachant qu'obéir il s'est mis en route,
mais qu'arrivés dans cette commune ex-
cédés de fatigue, ils y avaient obtenu un
double sejour ; il termine en présentant
les remerciements d'un corps reconnais-
sant pour l'accueil civique et fraternel
qui lui a été fait à Bernay (2).

9 janvier. — Fête à l'occasion des victoires des Français et principalement de
la prise de Toulon.

19 janvier. — Charles-Louis Gueroult,
de St-Jean-du-Thenney, ne pouvant plus
servir dans les armées de la République,
offre à la Société populaire de Bernay six
paires de souliers pour les jeunes défenseurs de la patrie.

Nous avons déjà parlé du général Huché, enfant de Bernay ; son inflexibilité
en matière de discipline lui donna une
sinistre célèbrité dans les horribles guerres de la Vendée où l'on ne faisait point
de prisonniers ; en voici un épisode rapporté par Huché dans la lettre qu'il écrit,

---

(1) Nous pensons qu'il faut lire : *60 volontaires*.

(2) Il est bon de dire qu'à partir de 1792, Bernay fut littéralement inondé par les troupes militaires de passage, demandant le gîte et l'éta-
pe ; toutes partirent satisfaites de l'hospitalité
bernayenne.

de Laval, le 3 pluviôse (22 janvier), à la
Société populaire de sa ville natale :

« ..... Hier, dit-il, la guillotine a gué-
« ri du mal de dents 13 prêtres et 6 bri-
« gands en un quart-d'heure ; la majeure
« partie surtout des prêtres étaient de La-
« val. Aujourd'hui il y a encore à expé-
« dier en deux heures 4 femmes. Renes,
« Alençon, Vitré, Châteaugontier, Angers
« le Pont de Sée, Nantes, Saumur sont en
« activité : tous les jours on fusille, on
« guillotine. — J'ai arrêté et fait arrêter
« dans différentes paroisses 83 de ces
« scélérats..... »

En Bretagne, la guerre civile n'est pas
moins épouvantable. Le 24 pluviôse, un
volontaire bernayen, J. Blanvillain, four-
rier au 3e bataillon de l'Eure, étant à la
Roche-Sauveur, rend compte à ses concitoyens des événements dont il a été le témoin depuis sa précédente lettre écrite de
Fougères. Il rappelle la défaite des Vendéens, à Savenai (1), il ajoute : « Tout
« conspire à notre bonheur et à notre in-
« fortune. Tandis que des vrais républi-
« cains se sacrifient, des dilapidateurs, des
« accapareurs engloutissent ou menacent
« d'engloutir la fortune publique. On meurt
« de faim au sein de l'abondance. Hélas !
« que de Catilina pour un Codrus ! Nous

(1) La bataille de Savenay coûta la vie à plus
de 10,000 hommes. Les Vendéens perdirent et
reprirent la ville trois fois.

« sommes ici dans un pays où le brigan-
« dage prit jadis naissance, pays sauvage
« où l'on trouve vingt loups pour un ré-
« publicain, j'entends les loups à deux
« pieds... Nous sommes ici tous les jours
« en expédition pour arrêter les brigands
« cachés dans des forêts. Je crois qu'on
« qu'on sera obligé de faire comme dans
« la Vendée. C'est peu de couper la tête
« de l'hydre si on ne brûle la place. »

Tirons un instant le voile sur ces pages
sanglantes où le meurtre et l'incendie
étaient à l'ordre du jour, et voyons les
prodiges enfantés par le patriotisme dans
la capitale.

Le Bertre (1) *à la Société populaire de
Bernay.*

« Paris, 4 ventôse an 2.

Les élèves envoyés par les districts
pour apprendre la fabrication des armes
ont été, en 3 décades, assez instruits pour
pouvoir travailler seuls et même diriger
d'autres citoyens, bien qu'ils n'aient encore eu que 3 leçons. « Tout, dit notre

----

(1) Le 21 pluviôse, la Société populaire avait
envoyé à Paris, les citoyens Le Bertre et Buisson, pour s'y instruire de la fabrication des armes.

Le Bertre, Jacques-Félix, né à Bernay le 15
août 1770, avait été curé constitutionnel de St-
Aubin-le-Guichard jusqu'en pluviôse an II.

Buisson, gendre d'un sieur Aubé, était un
pauvre serrurier chargé de famille.

compatriote, est expliqué d'une manière si claire qu'il semble qu'on apprend ce qu'on savait dejà.

« Le matin à 11 heures, au Muséum du jardin des plantes, se donne la première leçon sur les salpêtres et poudres, et à 2 heures la seconde sur la fabrication des canons. A l'Evêché, les salles sont décorées comme pour une fête. Quatre représentants du peuple assistent à chacune des leçons qui nous sont données par les hommes les plus célèbres dans chaque genre. Nous visitons après tous les ateliers formés dans tous les coins de Paris. Quelle activité : ici on lessive des terres ; là on forge des bayonnettes, plus loin des sabres ; dans cet endroit on travaille aux canons de fusils, dans cet autre on coule des canons, on les fore. Je crois que Paris seul pourroit suffire aux besoins de toutes les armées. On fait aujourd'hui à Paris de l'acier aussi beau que celui qu'on tiroit autrefois d'Allemagne, et dernièrement on nous a fait voir le premier damas forgé dans un atelier élevé depuis peu. Il est bien vrai de dire que le Comité de salut public est pour Pitt et consorts un terrible adversaire, et ma foi, Monsieur Pitt avec tous ses talents en politique, n'est qu'un timide écolier auprès des hommes animés par l'amour de la liberté.....

« Cependant, Bernay et les Andelys sont les seuls districts du département de l'Eure qui ayent envoyé des élèves... (1) »

« Paris, 21 ventôse.

Le Bertre donne quelques détails sur le moulage des canons et la fabrication du salpêtre. « La poudre à canon, ajoute-t-il, est on ne peut plus facile à fabriquer. Il décrit un nouveau mode de broyage : ..... Il y a dix ans que l'inventeur présenta son projet à notre défunt gouvernement, mais on le menaça de la Bastille. L'inventeur est le citoyen Garny.....

« Bisson et moi nous sommes destinés aux canons..... » (2)

Dans cette œuvre gigantesque de la défense nationale, le district de Bernay ne peut coopérer, pour la fabrication des armes, qu'en fournissant du salpêtre. Au chef-lieu, où le drapeau tricolore est réintégré (2 ventôse), la population prête son plus actif concours, soit en donnant des ustensiles et des cendres, soit en coupant des bruyères et des broussailles pour les brûler, soit en fournissant des terres à

---

(1) Peu après, Evreux, Pont-Audemer, Vernenil, Louviers envoient aussi des élèves.

(2) Le Bertre est envoyé, par le Comité de salut public, dans les départements de la Dordogne et de la Charente, pour y surveiller la fabrication des canons. Le 7 germinal, il est à Angoulême.

Bisson, le 15 germinal, revient à Bernay et, reprenant son métier de serrurier, fait des bayonnettes.

lessiver (1).

Mais, à partir du 12 nivôse, le patriotisme de la cité bernayenne revêt une autre forme : les citoyennes offrent leurs pièces bénites et de la charpie ; les enfants mêmes font hommage de leurs tirelires. Le feu sacré a touché tous les cœurs ! Aussi, le 25 ventôse, est-il fait lecture publique d'une lettre de Siblot, représentant du peuple, qui complimente la commune de Bernay de son civisme et de celui de ses autorités constituées.

Et puis, nos valeureux soldats répondaient à ce dévouement. Laissons encore à ce sujet, la parole aux volontaires de Bernay :

Le tridi de la 2e décade de ventôse (3 mars), Bazire, volontaire au 5e bataillon de l'Eure, écrit, de Nantes, à la Société les détails de l'arrestation et de l'exécution d'un chef vendéen, La Catilinière père (2).

____

(1) A cet effet, plusieurs vieux colombiers en terre sont volontairement abattus.

(2) La Catilinière fut dénoncé par une poule qui, poursuivie par *les bleus*, fut se réfugier sous une meule à pressoir qui le cachait. Interrogé par le général Huché, ce chef vendéen marcha fièrement à la mort. Bazire parle aussi de La Roche-Jacquelin, exécuté peu de jours auparavant, et de Charrette, le premier chef vendéen, grièvement blessé.

Le 30 ventôse, des volontaires nationaux du 3e bataillon des Ardennes, de passage à Bernay; assistent à la séance de la Société populai-

Le 6 germinal, par une lettre écrite à Lanterbourg, Dnbus atteste la bravoure de Leloup, son capitaine qui, dans une affaire, a perdu 6 hommes sur 27, dont un a le bras coupé d'un boulet de canon ; dans une autre affaire où le sous-lieutenant est tué d'un boulet, un même projectile coupe le manteau de ce capitaine devant sa poitrine.

Hippolite Le Bertre (1), lieutenant au 9e chasseurs à cheval, étant à Thionville, le 18 germinal. écrit l'éloge de ses compatriotes.

24 germinal. — Quevilly, (2) capitaine d'artillerie, commandant le fort Bregançon, aux Iles d'Hières, près le port de la

---

re Le président félicite le bataillon dont le drapeau déchiré annonce qu'il a combattu avec vigueur et intrépidité. Les volontaires disent qu'après avoir battu les ennemis au Nord ils vont en faire autant sur l'Océan. Un volontaire raconte ce fait héroïque : — Etant à Aix-la-Chapelle, son bataillon, trahi par Mazienski, était prêt à faire retraite, les ennemis le poursuivant de très près. Simon Rouvère, vieillard respectable, ancien militaire et commandant, est blessé à mort ; ses camarades, dont il était très aimé, s'arrêtent pour le secourir : « Marchez, mes amis, leur dit ce brave homme, sauvez la patrie et ma mort sera vengée. »

(1) Hippolite Le Bertre, âgé de 25 ans, originaire de Bernay, était lieutenant au 9° régiment de chasseurs.

(2) Quevilly se qualifie de « fils du marchand de vins » ; il dit être né à Beaumesnil et avoir été instruit à Bernay.

Montagne, adresse une lettre à la Société
populaire. « ... J'ai failli, dit-il, être une
victime innocente de mon patriotisme.
J'ai été poursuivi par la salle aristocratie
de l'exécrable cy-devant Toulon. J'ai
échappé à la guillotine... J'ai fui 2 jours
après l'arrivée des Anglais et des Espagnols, abandonnant ma place, fruit de 26
années de services, laissant dans cette
ville ma femme et mes 4 enfants qui ont
été persécutés. Je me suis rallié à l'armée
d'Italie où j'ai arrivé à temps pour contribuer, par mes foibles talens, à l'anéantis-
sement des traîtres qui avoient eu la lâcheté de livrer cette malheureuse ville à
nos ennemis ; il m'a été confié le commandement du fort d'où je vous écris, où
j'ai souvent fait danser la carmagnole
aux Anglais insolents ; en dépit d'eux,
j'ai conservé cette place à la République,
seul fort dans cette contrée qui n'ait pas
été sali par les esclaves des despotes, et
à leur barbe j'ai fait la prise d'un charge-
ment de quinze cents charges de bled et
de 180 barils de farine de la première
qualité qui a servi à alimenter l'armée
sous Toulon, dans un moment où elle en
avoit le plus pressant besoin. Je n'ai fait
que mon devoir ; j'aperçois encore journellement quelques vaisseaux ennemis
qui croisent, mais les bougres ne veulent
pas venir danser avec moy une contre-
danse à la sans-culotte. Ce qui me conso-
le, l'armement des vaisseaux de la République se fait avec rapidité ; bientôt ces

vaisseaux remplis de bons soldats et bons marins, vont chasser ces gredins d'Anglais, et si quelque vaisseau de ces lâches s'approche de moy, ce sera le plus beau jour de ma vie..... »

A la même date, le général Huché dénoncé par la Société populaire de Luçon, pour ses cruautés en Vendée et ses connivences avec l'ennemi, est arrêté, mais il se justifie et obtient même le grade de général de division à l'armée de l'Ouest.

Les volontaires bernayens en Belgique.

14 messidor. — A l'occasion des victoires remportées par les Français, dans les plaines de Fleurus (8 messidor), sur les Anglais, les Autrichiens et les Prussiens, la Société populaire de Bernay s'assemble extraordinairement et improvise une fête civique qui a lieu : 1º au temple consacré à l'Être suprême ; 2º à l'autel de la patrie ; 3º à l'arbre de la liberté. Il est lu une lettre d'un frère d'armes né en cette commune, qui a eu la gloire de se trouver à la bataille de Fleurus ; cette lettre a été vivement applaudie, surtout ces réflexions naturelles qu'elle contient : « Que « les sans-culottes apprennent aux Cobourg, au Clairfait, aux Beaulieu, aux « Lambsec, qu'il faut n'être ni prince ni « baron pour avoir la vraie valeur, et « que la bayonnette, le courage des Français et leur amour de la liberté, valent « mille fois davantage que toutes les tactiques des esclaves. »

Hippolite Le Bertre à la Société populaire de Bernay.

« Au quartier-général de Bruxelles, le 28 messidor an 2.

‹ Frères et amis,

‹ Les événements se multiplient avec une telle rapidité sur ces points ci qu'il est presque impossible d'en saisir tous les détails. Combattre, vaincre et conquérir, voilà notre ouvrage ; l'ennemi fuit de toutes parts et ne s'arrête que pour essuyer de nouvelles défaites ; rien ne résiste à la valeur républicaine : la chaleur la plus vive, la poussière, la fatigue ne peuvent arrêter nos soldats. Après avoir fait 10 lieuës ils se battent comme des troupes franches et n'attendent que le signal pour se précipiter sur l'ennemi.

‹ Vous avez sans doute été informés de nos victoires sur la Sambre et dans toute la Belgique : Charleroi, Fleurus, Seneffe, Mons, Uvelle, Heppigni, ont été témoin des sanglantes défaites de l'ennemi. Battu, repoussé sur tous les points, il est forcé de nous abandonner la Belgique. Quel spectacle pour nos soldats, que de motifs animent leur courage en parcourant les plaines où nos ayeux quoiqu'esclaves vainquirent les orgueilleux Espagnols et les féroces Autrichiens. Le souvenir de ces gloires de nos ancêtres, joint à l'amour de la patrie, leur impose le devoir de vaincre et de les surpasser, Le sang de nos pères cimentait la gloire de

Condé, de Luxembourg et de tous ces généraux qui les commandaient, mais aujourd'hui la gloire est collective et celui qui défend bien son pays en a tout le mérite.

« Nous sommes entrés dans Bruxelles le 23, après avoir forcé l'ennemi. La joie était peinte sur tous les visages à notre arrivée ; nous avons été reçus comme des frères aux cris de Vive la République. Les émigrés et les soldats de Cobourg avaient menacé la ville du pillage à leur retraite, les habitants se sont armés et leur ont refusé le passage, l'armée ennemie a été obligée de passer sur les glacis. Les habitants nous livrent leurs marchandises et reçoivent nos assignats comme à Paris. Les représentants du peuple leur avaient confié la police et la surveillance de la ville pendant deux jours, ils nous ont offert dix mille hommes pour se joindre avec nous, les représentants ont refusé leurs offres pour le moment ; ils se sont imposés volontairement et nous ont fourni cinq mille paires de bottes, 10 mille paires de souliers, une grande quantité de vivres et beaucoup d'autres effets. Enfin tous les bons habitants de la Belgique n'attendent pas les réquisitions pour nous apporter pain, bled, avoine, bière, etc. Nos soldats respectent les propriétés ; les fuyards et les pillards sont fusillés, le nombre n'en est heureusement pas grand ; enfin la police la plus exacte est observée à l'armée et tout le monde est content.

« Cobourg s'était retiré avec son armée
sur la montagne de fer, entre Louvains
et Tirlemont ; l'approche des républicains
l'a fait fuir du côté de Maëstricht, et nos
troupes sont entrées dans Louvains comme dans Bruxelles.

« Le 25, les deux divisions de droite se
sont portées sur Namur, les Autrichiens
ont été sommés par le général Jourdan de
rendre la place et le château qui est très
fort et bien défendu, ils ont refusé de se
rendre et l'affaire s'est engagée ; nous
avons repoussé l'ennemi qui couvrait la
ville, nos canonniers ont fait un feu très
vif et ont jetté dans la place une grande
quantité d'obus et de boulets, nos grenadiers se sont avancés jusque sous les
murs, malgré le feu de l'ennemi, les boulets ont brisé la porte, les Autrichiens se
sont retirés dans le château et nous sommes entrés dans la ville. On s'occupe dans
ce moment à faire le siège du château qui
pourra tenir quelque temps, mais il fau-
dra bien qu'il se rende ; Ensuite nous irons
visiter Liége et j'espère que nous force-
rons l'ennemi à repasser le Rhin et que
nous irons à Aix-la-Chapelle et à Cologne.

« On a arrêté il y a quelque temps un
espion de Cobourg porteur d'uue dépêche
fort importante pour les commandants
des garnisons de Valencienne, Condé, etc. ;
elle était écrite sur du linge et en trois
langues. Cobourg leur disait de se rendre
à des conditions honorables si les carma-

gnols y consentaient, mais que dans le cas
où ces derniers voudraient qu'ils se rendent à discrétion, qu'ils soutiennent le siège jusqu'à la dernière extrémité, que
pour lui il lui était impossible de les secourir. Ces places sont bloquées et vous
êtes plus à portée d'en avoir des nouvelles que moi.

« Vous voyez, frères et amis, que la République ne compte que des succès, la
désertion est au comble chez les Hollan-
dais et les Autrichiens, ils viennent par
troupes de 50 et de 100 hommes. Hier il
en est arrivé 200 au quartier général, ils
se plaignent de la faim et des mauvais
traitements, ils s'accordent à dire que si
Cobourg ne s'éloignait pas, la plus grande partie de l'armée déserterait.

« Nous avons à l'armée une compagnie
d'aérostes formée par ordre du Comité de
salut public, avec un ballon qui inquiette
beaucoup l'ennemi. Nos ingénieurs mon-
tent dans la chaloupe pour observer tous
ses mouvements et cette découverte vaut
mieux que le meilleur des espions. On
donne à cette machine le dégré d'éléva-
tion nécessaire pour bien observer par le
moyen de fortes cordes qui tiennent les
aérostiers. Enfin tout concourt aux triomphes et au bonheur des Français..... »

*Le même à la Société populaire de Ber-
nay.*

« Au quartier-général à Voirenne
près Liége, le 10 thermidor an II.

« Liége est à nous ; vive la République ! Je ne puis vous exprimer la joye qu'ont fait éclater tous les Liégeois hier à notre arrivée : J'en ai versé des larmes de plaisir, l'allégresse était générale, il fallait essuyer un déluge d'accolades et de caresses ; hommes, femmes, enfans, tous accouraient et s'empressaient autour de nous, ils devinaiént jusqu'à nos moindres désirs, les vivres, les fourrages nous étaient apportés avec profusion, nos blessés étaient secourus avec le plus vif empressement. Les Liégeois partageaient nos dangers au moment où nous repoussions les féroces Autrichiens. Ces derniers nous ont disputé le terrain dans la ville et voulaient faire sauter le superbe pont qui est sur la Meuse, nous les avons poursuivis avec tant de vigueur qu'ils ont été forcés de l'abandonner, ils se sont contentés d'endommager quelques maisons à coups de canon, ils ont éprouvé une perte considérable. Nous avons fait à peu près 600 prisonniers ; les Liégeois en ont pris pour leur part plus de 300 qui étaient répandus dans la ville, ils les ont conduits eux-mêmes au quartier-général.

« Les ennemis sont campés à la Chartreuse à une demi lieuë de l'autre côté de la ville, j'espère qu'ils seront bientôt débusqués ; nous avons placé des pièces de gros calibre à la citadelle qui tirent jusques dans leur camp : ils étaient à peine sortis de la ville quand les Liégeois ont planté l'arbre de la Liberté et pris la cocarde tricolore ; en un instant les boutiques ont été pleines de rubans, de cocardes, d'habits, de boutons nationaux et d'autres signes de la liberté, ils ont mis à tout cela une célérité inconcevable, ils en avaient depuis longtemps des magasins cachés ; en vérité les Liégeois sont dignes d'être Français ; c'est assez faire leur éloge.

« Je présume qu'après avoir chassé l'ennemi de sa position, nous remonterons la Meuse pour nous porter sur Mastrescht et en faire le siège. Cette place est la plus forte des Pays-Bas, elle est défenduë par une nombreuse garnison et par une artillerie immense, on dit qu'il y a sur les remparts plus de 200 pièces de canon. Quoiqu'il en soit, j'espère qu'il en sera de Mastrecht comme de Charles-sur-Sambre, de Namur, etc. Je pense que nous irons à Aix-la-Chapelle dont les habitants ne seront pas épargnés pour avoir tiré sur les Français à la retraite de l'infâme Dumouriez. Nous pourrons aller joindre l'armée de la Mozelle avant la fin de la campagne et partager sa gloire et ses succès dans le Palatinat et sur le Rhin.

« Les papiers publics ne sont pas exacts relativement à la reddition de Namur ; il est certain que nous avons fait 400 prisonniers et trouvé 57 pièces de canon dans le château, les nouvelles ne parlent que de 40..... »

Le même à la Société populaire de Bernay.

« Au quartier-géneral à Antine, le 2ᵉ jour des sans-culotides an II.

« Frères et amis.

« Encore une victoire ! C'est à coups de canon et en marchant sur les corps des esclaves que nous célébrons les fêtes de la République. Nous avons senti que des jours d'allégresse ne devaient point être troublés, et nous avons vaincu.

« Les trois divisions de gauche de l'armée ont attaqué l'ennemi retranché aux environs de Huy et l'ont repoussé avec vigueur, les 30 fructidor et 5 des sans-culotides, jusques dans son camp retranché à Esneux, derrière la rivière d'Adonte, dans le pays de Stavelot qui fait partie des Ardennes. Nos divisions ont pris position ; la gauche appuyée à Esneux, le centre à Comblains et la droite à Ewagne. L'attaque du camp ennemi a été résolue aujourd'hui, sa position était tellement avantageuse qu'elle dominait les rochers sur lesquels nous étions bivouaqués et qu'il fallait livrer l'assaut pour les joindre, le pays n'offre que des rochers presqu'inaccessibles ; il fallait encore passer l'Adonte sous le feu de l'ennemi, il n'y avait qu'un seul chemin dans lequel nous étions obligés de défiler par un à Awagne où était la principale partie de l'attaque ; ce chemin était coupé et défendu par une redoute hérissée de canons.....

La charge bat, la cavalerie avance, l'ennemi résiste, les républicains s'animent, le courage se multiplie par les obstacles, enfin l'ennemi est culbuté et dans une déroute compléte ; le carnage est à son comble, son artillerie resistait encore et tirait à mitraille, l'attaque se dirige sur ce point, les rochers sont gravis, les redoutes tournées, les canonniers hachés et 22 pièces de canon prises avec leurs caissons et leurs chevaux. Alors on s'occupe de faire des prisonniers, on ramène tout ce qu'on trouve, on poursuit l'ennemi qui se retire en désordre jusqu'à la Chartreuse. Voilà l'exacte vérité.

« La perte des Autrichiens est estimée à 1500 tués et 1500 prisonniers ; ils doivent avoir un nombre considérable de blessés ; la nôtre est très faible en comparaison et j'estime que nous avons perdu 4 à 500 hommes.

« Notre droite a été attaquée hier et a repoussé l'ennemi avec une grande perte jusque sous les glacis de de Maestreicht. Enfin il est battu sur tous les points.

« Nous ne tarderons pas à attaquer le camp de la Chartreuse et nous espérons célébrer les cinq jours des sans-culotides par des victoires.

« Je ne puis vous instruire de nos opérations ultérieures. Je présume cependant que nous devons poursuivre les ennemis jusqu'au Rhin et les obliger à le repasser. Nous devons encore assiéger Maestreicht, il y a dans ce moment au parc d'artillerie 200 pièces de canon qui devront battre la place.

« Le front de l'armée s'étend depuis St-Lambert jusqu'à Hasselt, ce qui fait plus de douze lieuës. Les divisions qui avaient été chargées des sièges de nos places sont rentrées; l'armée de Sambre-et-Meuse est maintenant composée de 10 divisions.

« Les fatigues de cette journée n'ont pu ralentir mon empressement à vous en donner les détails, mon zèle l'emporte sur l'appétit et le sommeil; je sens que ma joye ne peut être compléte qu'en vous la fesant partager.

« Agréez, frères et amis, l'hommage de mon respect et de mon dévouement. »

Laillier, gendarme, à la Société populaire de Bernay.

« De Hervé, ce 16 brumaire an 3.

« ...... J'ai un vrai plaisir à vous dire que Mastraic est à nous du 14 à deux heures du matin. Huit mille hommes faits prisonniers d'après une capitulation forcée et six jours de siège ; quatre cents bouches à feu leur donnaient le bal sans relâche. L'affaire est d'une assez grande importance pour que tous les vrais amis de la liberté, tels que vous, soient remplis de joie; je la partage avec vous.

» C'était le prince d'Aix Hescasette qui commandait cette place ; la garnison sort demain à 8 heures du matin sans armes et est échangée pour pareil nombre au bord du Rhin. Les émigrés ont dans cette place subi la peine de leurs forfaits (1).

« Nous pouvons aller manger du fromage en Hollande, rien ne nous empêche, nous sommes les plus forts.

« Bredat n'est pas encore rendu, petite ville très riche et qui ne peut résister longtemps à des Français. Nous avons une armée sur Mayence ; cette place une fois à nous, nous sommes les maîtres du Rhin. Coblentz est à nous, Baune, enfin toute la droite de Cologne où j'étais il y a six jours.

« L'ennemi occupe un petit bourg de l'autre côté du Rhin, en face de Cologne. L'on pourrait se tirer des bords l'un et l'autre du Rhin, n'étant plus large en cet endroit que la Seine mais très profond et rapide et bien plus large de l'autre part aux deux bouts du bourg formant presqu'une ile..... » (2)

---

(1) Le 5 fructidor, Thomas Lindet ércivait, de Paris, à la Société populaire de Bernay, une lettre contenant des réflexions très judicieuses sur ce qu'auraient dû faire tous ceux qui ne voulant point du gouvernement républicain ont causé et causeront la perte d'un grand nombre d'hommes faits pour être libres.. Lindet indique la déportation comme gage de la tranquilité intérieure et une source de grandeur et de prospérité au dehors. — Nous regrettons de ne point voir cette lettre, ainsi que beaucoup d'autres, dans l'intéréssante étude biographique publiée tout récemment par M. Turpin sur Th. Lindet.

(2) 4 mois 1|2 auparavant, Lallier avait déjà

Le cavalier de Bernay et l'armée du Rhin.

Maris (1), dragon au 4ᵉ régiment, à l'a-vant-garde de l'armée du Rhin, à la Société populaire de Bernay.

« Ofstein, ce 28 vendémiaire de l'an 3.

« ..... Les affaires de notre armée sont très bonnes : l'ennemi fuit devant nous de toutes parts ; voilà quatre jours que nous marchons au trot et nous ne pouvons pas l'attraper.

« Nous sommes en possession de la ville de Creneclate, de Turcem, de la ville de Voisne et bien d'autres bourgs et vil-

---

donné de ses nouvelles. Dans une première lettre datée de Sedan, le 5 messidor, il parlait d'un combat très sanglant que l'armée des Ardennes, là où il était, avait eu à Charleroi, le 25 prairial. « L'affaire — écrivait-il — a été très chaude ; nous avons perdu du monde, mais l'ennemi en a perdu une infinité plus que nous, un nombre infini des satellites a mordu la poussière. En une seule brigade de leur cavalerie, ils ont perdu 900 hommes qui ont été tués. Cependant ils étaient parvenus à débloquer Charleroi, mais deux heures après, ils ont été bloqués mieux qu'auparavant. Nous avons appris que l'armée du Nord a également mis la victoire à l'ordre du jour, que six mil six cents prisonniers de guerre ont été faits à la prise d'Ypres, et plus de trois mil ont été tués ; plus de 100 pièces de canon, sans toutes les autres munitions de bouche et de guerre ont été prises par nos braves frères d'armes..... » (*Reg. de la Soc. pop.*)

(1) Maris, Jean-Charles, originaire de Cherbourg, âgé de 56 ans, était, avant son engagement, menuisier à Bernay.

lages dont je ne sais pas le nom, parce
que nous ne faisons que passer. Notre
avant-garde n'est qu'à sept lieuës de Mayence. Tous les jours nous les attaquons,
mais ces soldats de la tyrannie n'ont pas
la force de résister.

« Mon cheval (1) a été blessé d'un bis-
caïen à l'épaule et il est parti au dépôt,
je l'ai confié à un camarade qui m'a pro-
mis qu'il en aura bien soin et m'a donné
le sien. Et moy je suis resté à l'armée à
faire mon métier qui est de me battre
comme le vrai républicain doit faire..... »

*Le même à la Société populaire de Ber-
nay.*

« Armée du Bas-Rhin, ce 3 nivôse an 3.

« Citoyens, frères et amis.

« Les nouvelles de notre armée sont
toujours bonnes, quoique nous n'ayons
pas manqué d'essuyer beaucoup de froi-
dure, étant au bivouaque jour et nuit,
pendant l'espace de cette décade que les
ouvrages ont duré pour le bombardement
de Mânheim qui est actuellement fait,
quoique les esclaves des tyrans ont fait
leur possible pour nous nuire pendant nos
travaux en tirant plus de deux cents
coups de canon, tant bombes que boulets,

---

[1] Le 9 frimaire an II, ce cheval avait été
payé, par la Société populaire, la somme de
1360 livres, y compris 10 pour le vin, à Joseph
Corneille, laboureur à St-Paul-de-Courtonne.

obus et grenades par vingt-quatre heures ; mais ils ne faisaient que faire voir
leur peu d'adresse, car je puis vous assu-
rer par moi-même que cette affaire ne
nous a pas coûté quinze républicains. Ils
n'ont pas dû être sans s'apercevoir du
mépris que nous faisions de leur grand
feu continuel qui faisait beaucoup de bruit
et pas beaucoup de mal, c'était seulement
un feu d'amusement pour nous autres républicains....., pour remercier du grand
bal que nous leur préparions et dont ils
ont bien entendu les violons républicains
ces jours passés.

« Nous nous sommes contentés pour
cette fois de leur couper la tête d'un pont
qui passe sur le Rhin et qui leur ôte toute
communication d'un fort qui est de ce cô-
té-ci du Rhin accompagné de plusieurs
formidables redoutes qu'ils ont été obli-
gez d'abandonner, dont 30 grosses pièces de canon sont restez en notre pouvoir
et quelques prisonniers et quantité qui
boivent au Rhin. Les républicains les ont
menés au pas. Le feu a commencé au
soir et a duré jusqu'au lendemain matin.
Plus de deux mille bombes ont tombé dans
la ville ; plus de cent maisons ont été ré-
duites en cendre dans lequel il se trouve
le château d'un grand prince et une caserne dans laquelle il y avait deux bataillons logez.

« Le lendemain au jour, ces esclaves ont
envoyé un ordonnance à demander grâ-

ce aux républicains de cesser leur grand feu, qu'ils ne tireraient pas un seul coup sur nous.

« Nous sommes retirez un peu à reposer nos chevaux qui en ont grand besoin. Nos ouvrages sont si bien finis qu'ils (les ennemis) ne peuvent pas faire aucune sortie. J'espère que nous brûlerons Manheim sans aucun obstacle..... »

LES VOLONTAIRES DE BERNAY
sur les frontières d'Espagne

André Lefévre, le second, et Jean-Baptiste .·. Hubert, volontaires au 5ᵉ bataillon de l'Eure, armée des Pyrénées-Occidentales, à la Société populaire de Bernay (1).

« Du camp des Aldunes, ce 23 vendémiaire l'an 3ᵉ.

« ...... Nous vous apprendrons avec plaisir qu'étant sortis du pays de la Vendée, nous nous mîmes en marche pour les Pyrénées-Occidentales, pour repousser les malheureux Espagnols esclaves d'un tyran orgueilleux. Enfin nous sommes parvenus à les faire débusquer de plusieurs hauteurs dont ils s'étoient emparés, n'ayant trouvé aucune résistance par les habitans de ce pays, puisqu'à l'approche de l'enne-

---

(1) J.-B. Hubert, 17 ans, né à Bernay, fils de famille. — Lefèvre Robert-André, 17 ans, né à Bernay, fils de famille ; tous deux volontaires au 5ᵉ bataillon de l'Eure.

mi ils s'étoient rendus à eux ; alors nous avons avancé après quelque peu de résistance. Enfin le Français plein de vigueur et de courage a monté à l'assaut la baillonnette en avant et ces lâches soldats ont pris la fuite. Si dans ce moment de leur déroutte qui étoit complette nous eussions eu assez de troupes pour garder le pays, nous serions avancés jusqu'à Pampelune, ville très fortifiée ; mais nous ne perdrons rien à ce retard, car comme nous sommes campés à 6 ou 7 lieues de cette ville, nous partirons dans peu pour attaquer le camp Espagnol qui n'est qu'à une lieue d'où nous sommes. L'attaque sera générale. Plus de cent cinquante mille hommes vont être sur pied et il faut espérer que cette attaque réussira en notre faveur.

« Beaucoup de déserteurs arrivent dans notre camp ; ils disent que le tyran étant à bout il peut à peine les nourrir et qu'il y a beaucoup de   , les meilleures troupes étant tout-à-fait détruites ; ils nous ont dit que tous les habitans de Pampelune ont été évacués jusque dans le milieu de l'Espagne, pour ne laisser que des troupes à la garde de cette ville, qui sera bientôt mise en état de siège par les républicains et dont la prise est inévitable.

« Le pays n'est pas commode pour faire la guerre, n'étant que toutes montagnes ; mais plus il y a de difficultés plus le courage du républicain augmente, tout le monde tant officiers que soldats font leur devoir en braves républicains. Parmi ceux qui se sont le plus distingués je dois vous citer un caporal de chasseurs basques : étant pris prisonnier par 4 Espagnols, ils ne l'avoient pas desarmé, lui se sentant en état de combattre pour sa liberté a tiré son fusil sur le premier, avec sa baillonnette a foncé sur le second, de sa crosse a fendu la tête du troisième, et lui-même a amené prisonnier le quatrième lui faisant porter les armes et bagages des trois autres, Ce fait est vrai, nous avons vû nous-même faire capitaine ce brave caporal. C'est ainsi, citoyens collègues, que l'armée des Pyrénées-Occcidentales est garnie de héros dignes de la République...... ›

Nouveaux exploits du général Huché, EN VENDÉE

Le général Huché, par une lettre datée de Nantes, le 5 thermidor, et adressée à la Société populaire de Bernay, dément la nouvelle de son suicide et donne sur ses opérations les détails suivants en s'excusant de ne pouvoir en écrire plus, parce qu'il a 61,444 hommes à commander sur près de 80 lieues de circonférence, distribués à 8 généraux sous ses ordres. Il dit qu'étant au centre des brigands, il est journellement assiégé par un ennemi caché dans les fourrés dont le pays est couvert. « Le 3 de ce mois — ajoute-t-il — à 6 heures du soir, j'ai mis Monsieur Charette en déroute après lui avoir tué à la hâte 200 hommes et pris son convoi de 29 voitures chargées ds sabres, fusils, caisses, pain, valises, porte-manteaux, plomb, balles et les moules. Ces voitures étaient attelées de chacune 4 bons et beaux bœufs, avec 400 autres bêtes à cornes que j'ai fait conduire à Nantes et qui y viennent d'arriver.

« Cette affaire s'est passée au Poiré entre Palluau et la forêt de la Grande-Lande. J'ai poursuivi pendant 10 jours l'ennemi toujours fuyant, et ceux qui ne pouvaient allonger le pas tombaient au pouvoir de ma troupe qui ne lui faisait nulle grâce.

» Le 29, au moulin de Loge, ils ont été mis en déroute avec perte de 80 hommes, tant infanterie que cavalerie, par un de mes postes, et c'est d'après cette déroute complette que les 29 voitures et leur arrière-garde ont essuyé le choc que je vous détaille.

« Ma sortie sur ces bougres-là leur a coûté, sur le résumé de mes colonnes, au moins mille hommes, a détruit leurs forges, une salpêtrière, et par l'incendie des châteaux, bourgs, métairies et villages, la destruction de leurs repaires, dissipé leurs rassemblements, détruit leurs fours, les moulins à vent, cassé les moulins à bras et leur a enlevé plus de mille bêtes à cornes et quelques chevaux, mais des chevaux d'une légère taille.

« Je marche sur la rive gauche de la
Loire après-demain et je vais ballayer cette partie qui est infectée de brigands et
de brigandes qui ne sont ni forts ni à
craindre ; je répondrais sur ma tête de
leur extermination totale si ces scélérats
à nombre triple vouleussent ne pas se sauver et vouleussent se rassembler et se
mettre en plaine, mais non, ce sont des
loups, ils ne quittent les bois !.....

« Notre perte à Léger a coûté la vie à
5 chasseurs à cheval, dont un commandant, un lieutenant ; il y a eû 15 blessés.

« A l'affaire du Poiré un chasseur des
francs tué par son camarade qui l'a pris
pour un brigand à cause de ses habits qui
sont en mauvais état et parce qu'ils ne
s'entendaient pas,

« Beaucoup de femmes et filles ont été
tuées dans les marches des colonnes, parce qu'elles étaient trouvées avec des poudres, balles, pierres à feu ou portant des
subsistances : pas une dans ce cas très
condamnable n'a échappé (1).

« Je m'occupe des récoltes et les proté-
gerai de toute mon âme et conscience. »

Voyons maintenant ce qui se passa dans
la ville de Bernay pendant les grands événements militaires auxquels prirent part

---

(1) Dans son Mémoire justificatif imprimé,
Huché rapporte qu'à la bataille du Mans (13 décembre 1793), sur 15 ou 16,000 Vendéens tués
il se trouva peut-être un tiers de femmes.

ses enfants et qu'ils viennent de relater :

11 messidor an II (29 juin 1794). — La municipalité invite tous les citoyens à apporter à la maison commune tous les parchemins écrits qu'ils ont, pour servir à faire des gargousses pour les canons.

15 fructidor. — A la séance de la Société populaire, se présente Jeanne Chabran femme de Pierre Clébert, premier maître-canonnier de Port-Malo, mort à la défense de la patrie sur le vaisseau le *Juste*, au combat livré aux Anglais lors de l'arrivée du convoi américain. Cette femme expose la détresse où elle se trouve pour aller jusqu'à Paris où elle espère du secours ; une collecte est faite en sa faveur et produit 71 livres 2 sols.

20 fructidor. — Il est question d'ouvrir une souscription pour contribuer à la construction du vaisseau de ligne qui doit être offert à la République par le département de l'Eure et qui doit porter son nom,

14 messidor. — Fête civique en réjouissance de l'évacuation du territoire français par les armées des tyrans coalisés.

— A cette occasion, un enfant de Bernay, le poëte Léger (1) adresse de Paris à ses compatriotes une *Ode sur le triomphe des*

---

(1) Léger, Pierre-François, né à Bernay en 1765, était alors comédien à Paris. Secrétaire puis président du club patriotique de la section des Thuileries, Léger, à partir d'octobre 1793, correspondit souvent avec ses compatriotes. — (Voir : *Bernay-Poëte*, par H. Turpin ; 1885.)

armées de la République. — Le 1ᵉʳ thermidor, le même envoie des couplets qu'il a composés avec son ami Barré sur les dernières victoires remportées par ses braves frères d'armes (1).

5 vendʳᵉ an III.— Huché, ex-général de l'armée de l'Ouest dans la Vendée, est à Bernay, et annonce sa destitution (2).

20 vendémiaire. — La Société populaire arrête qu'il soit fait une adresse pressante à la Convention afin de terminer la guerre de la Vendée, de faire cesser les hor-

----

(1) Autres volontaires de Bernay, en l'an III :
Duval Amant, 20 ans, né à Menille, fils de famille.

Ecroulant Charles-Antoine, 53 ans, né à Bernay, cafetier, puis agent militaire et adjudant-général de légion.

Erambert François-Nicolas, 38 ans, né à Bernay, ex-marchand, chef de légion.

Le Hure François, 22 ans, né à Bernay, ex-clerc dr notaire, sergent-major au 5ᵉ bataillon de l'Eure.

Mutel Robert-Bertrand, 31 ans, né à Bernay, ex-ingénieur des ponts et chaussées à Tours, capitaine du génie militaire.

Philippe Jean-Jacques, 32 ans, né à Bernay, gendarme puis lieutenant de gendarmerie natˡᵉ.

Pottier Louis-Magloire, 30 ans, né à Bernay, ex-bénédictin, chasseur à cheval.

Ricquier Christophe-Jean. 26 ans, né à Lisieux, fils de famille, lieutenant de volontaires.

Robert Jacques-Adrien-Toussaint, 30 ans, né à Yvetot, ex-cavalier au 13ᵉ régiment, invalide.

(2) Cinq jours plus tard, suivant les ordres du Comité de salut public, Huché est mis en état d'arrestation, à Bernay, et conduit par deux gendarmes à la maison d'arrêt du Luxembourg.

reurs qui y ont été commises et de rapporter les arrêtés et ordres qu'on y mettrait tout à feu et à sang.

23 vendémiaire. — Les cordes des cloches des églises sont réquisitionnées pour le service des armées.

30 vendémiaire. — Proposition est faite d'orner la salle des séances de la Société populaire de la nomenclature des villes conquises sur les tyrans. — Fête civique en l'honneur des frères d'armes blessés à la défense de la patrie. — Le citoyen Léger lit une Ode sur ce sujet (1). Mutel fils chante l'hymne qu'il adresse à ces braves blessés (2).

3 brumaire. — Le rapport imprimé sur la bataille de Fleurus est distribué aux municipalités rurales.

A partir du 22 frimaire, des dispositions sont ordonnées pour l'établissement de la ligne de signaux aériens (3), de Brest à Paris, dans huit communes du

---

(1) Le texte de cette Ode ne nous est pas parvenu.

(2) Parmi ces braves, citons Lefèvre, le jeune volontaire dont nous avons déjà parlé, lequel, peu avant cette fête, avait sauvé un enfant tombé dans la rivière ; ce héros de 18 ans paya de sa vie son double dévouement : il mourut peu de temps après ce sauvetage.

(3) Le télégraphe aérien fut, on le sait, inventé par Chappe, quelques années auparavant. En 1794, fut établie la première ligne, de Paris à Lille.

district (1).

26 frimaire. — Toutes les cartes géographiques et les plans de batailles existant au dépôt du district, sont envoyés à la Commission des travaux publics.

Au 3 nivôse, il est parti du district 148 voitures attelées de chacune 4 chevaux, pour l'armée du Nord.

1795

Préliminaires de la
PACIFICATION DE LA VENDÉE

Cet heureux événement, tant désiré par les Bernayens, leur est annoncé par deux de leurs concitoyens : l'un est le frère du général Huché, dit Huché le jeune (2) ;

---

(1) Thiberville (ou Fontaine-la-Louvet), près l'auberge du Louvre ; — Duranville, à l'accès du village, proche la route ; — Plasnes, au Marché-Neuf, à l'embranchem^t du chemin de Pont-Autou à Bernay et de la grande route ; — Carsix, à l'embranchem^t des grandes routes de Paris et d'Alençon ; — Goupillières, près l'église de Périers ; — Thibouville, sur la bruyère de Fumechon, près l'auberge Legendre ; — Ecardenville, sur la butte, à la jonction du chemin du moulin d'Epréville et la grande route de Paris ; — Combon, au-delà du bois des Marnières.

Chaigneau, capitaine du génie, était chargé de l'établissement des signaux de Brest à Paris.

[2] Huché le jeune était adjudant-général, chef de brigade, etc., près l'armée de l'Ouest. Il était, en l'an 3, chef du dépôt des jeunes gens de première réquisition.

l'autre, nommé Hesnard, est aussi un enfant du district (1).

Huché, par sa lettre adressée à la Société populaire et datée de Nantes, le 9
ventôse an III, rapporte ce qui suit :

» Après ma dernière conférence sous la
tente de la Réunion, hiér à 4 heures de
l'après-midi, les représentants du peuple
et les officiers généraux de nos armées
ont entré triomphalement dans les murs
de Nantes, accompagnés de Charette et
des chefs des insurgés des deux rives de
la Loire, tous décorés de rubans et plu-
mets tricolores, tenant des branches d'o-
livier à la main, confondus avec les républicains, se serrant dans leurs bras et se
jurant mutuellement une amitié éternelle.
— Huché décrit ensuite longuement les
manifestations de l'allégresse générale ;
il accuse les Anglais d'avoir alimenté cette funeste guerre « qui — dit-il — a fait
égorger plus de trois cents mille Français
qui nous auraient été si utiles pour aller
couper les oreilles au Léopard britanni-
que. » — Il ajoute qu'on va marcher sur
Stoflet qui est dans le haut Poitou et refu-
se d'entendre aucune pacification. « Charette est en ce moment un homme bien
précieux à la République ; il a juré d'en
être un des plus fermes appuis. On ne
doute pas à Nantes qu'il ne tienne à son
serment..... »

---

[1] Hesnard Constant, 22 ans, né à Nassandres,
ex-praticien à Bernay, volontaire.

Sous une autre forme, Hesnard raconte les mêmes faits ; mais à propos du serment de fidèlité à la République prêté par les chefs vendéens, notre compatriote ajoute : « Charette a terminé par ces mots que j'ai entendus : Citoyens, vous ne voyez plus parmi vous qu'un frère et un ami dont le vœu le plus cher à son cœur sera toujours de contribuer à votre félicité même aux dépens de ses jours. — Si Carrier et ses satellites ont couverts de deuil cette cité à jamais célèbre par ses malheurs (1), ses habitants s'en trouvent bien dédommagés en goûtant les prémices de la paix et de la félicité publique..... »

Cette pacification est malheureusement violée par les adversaires du gouvernement et la guerre civile se rallume avec plus d'acharnement que jamais, non seulement en Vendée mais dans la Basse-Normandie.

Le 22 prairial an III, le procureur-général-syndic du Calvados, dans le district de Pont-Levêque, annonce à son collègue de Bernay que, Doisy, adjudant-général de la 2e division de l'armée catholique, qui avait pris possession de Beaumont au nom de Louis XVII, vient d'être enfin arrêté au dit lieu et conduit dans les prisons de Caen. Doisy organisait le Vendé-

[1] On évalue à près de quatre mille le nombre des victimes de Carrier, à Nantes, dans l'espace d'un mois !

isme dans le pays. Dans tous les cantons voisins, les royalistes pillent et assassinent les fonctionnaires publics, coupent les arbres de liberté qu'ils remplacent par des croix et des potences devant la porte des municipaux, etc. (1)

Cinq mois tard, la chouannerie est entrée dans notre région où elle trouve de nombreux et redoutables auxiliaires.

An IV, 29 brumaire. — La municipalité de Bernay signale la multiplicité des vols, brigandages et assassinats commis depuis plusieurs jours, tant dans l'intérieur de la ville qu'aux environs (2), par des bandes qui ont pillé les habitations, lié, mutilé et brûlé les pieds des personnes. Des mesures rigoureuses sont ordonnées à l'égard des vagabonds dont le pays est couvert (3).

1796

Ce mouvement contre-révolutionnaire divise occultement la population en deux

---

(1) Arch. de Bernay. D., Correspondance.

(2) Le 11 germinal suivant, la garde nationale de St-Clair-d'Arcey expose que, depuis quelque temps il se commet dans le pays quantité de brigandages et d'assassinats, et Bernay lui donne 12 piques, de même qu'à d'autres localités

(3) Ces mesures sont sans effet et nous avons tout récemment dit, dans *Un Episode de la Chouannerie à Bernay, en l'an VII*, comment notre région fut, jusqu'en l'an X, ensanglantée et pillée par la bande Lepelletier.

camps adverses (1) et amène fatalement
le refroidissement du patriotisme (2) dont
notre vaillante cité avait jusque là donné
tant de généreuses preuves. Cependant,
les fêtes civiques conservent leur carac-
tère démocratique et donnent lieu à de
touchantes démonstrations patriotiques :

Le 10 floréal an IV (29 avril 1796), jour
de la « Fête des Époux », à l'autel de la
patrie, le commandant de la colonne mobile lit à ses frères d'armes les heureu-
ses nouvelles arrivées de l'armée d'Italie
« qui, en trois batailles, aux journées de
« Montenotte, de Millesino et de Vego,
« ont remporté trois victoires signalées
« sur les Piémontais et les Autrichiens
« réunis. »

A partir de cette date, chacune des fêtes nationales est marquée par une partie
militaire ayant pour objet de glorifier les
prouesses constantes des armées françaises. C'est ainsi que les 9 et 10 thermidor,
à l'occasion de la « Fête de la Liberté »,
la colonne mobile exécute, le second jour,
sur les côtes de Bouffey, des manœuvres

---

(1) Notre étude sur *Les Petites Ecoles et la
Révolution* (pages 25-33) donne la mesure de
cette division politique et religieuse.

(2) Le 24 ventôse an 4, le commissaire exécutif constate que la loi prescrivant le port de la
cocarde nationale est tombée en désuétude.

Le 10 fructidor, l'arbre de la liberté est mutilé sous les yeux d'un factionnaire. — Le service de la garde nationale se fait irrégulièrement.

militaires « qui font ressouvenir des jour-
« nées de Jemmapes, de Fleurus... »

Retour des Volontaires Bernayens.

« Quelques jours après le 2 brumaire
an V (22 octobre 1796) — lisons-nous dans
le registre de la municipalité — l'administration a vu rentrer dans ses murs les
braves citoyens qui étoient partis volontairement, il y a quatre ans, pour voler à
la deffense de la patrie ; et qui, sans re-
voir leurs foyers, après avoir deffendu même avec intrépidité et souffert avec courage toutes les extrémités auxquelles on
est réduit pendant un long siège, avoient
été employés pour dompter les rebelles
de la Vendée, de là envoyés aux Pyrénées
contre les Espagnols, qu'ils ont réduits à
demander la paix par l'effort de leurs armes, et enfin rappelés sous les ordres du
général Hoche pour soumettre les brigands connus sous le nom de : Chouans.
Après des exploits si formels, ces intré-
pides citoyens avoient sans doute droit
de demander qu'il leur fût accordé quelque
momens de repos. Mais destinés à mois-
sonner de nouveaux lauriers il ne leur a
été accordé qu'un congé limité, à l'expi-
ration ils n'écouteront plus que la gloire
qui les rappelle sur les bords du Rhin
pour vaincre l'opiniâtreté Autrichienne et
la forcer à mertre bas les armes afin d'é-
pargner le sang des nations.

« L'administration municipale n'a pas vu avec indifférence le retour de ces héros ; elle les a fait inviter à se rendre à la salle de ses séances, le même jour de l'organisation de la colonne mobile pour leur rendre des honneurs publics et leur marquer la vive satisfaction que leur présence leur faisoit sentir. Conséquemment ils se sont rendus aujourd'hui (5 brumaire) en armes avec un drapeau leur appartenant (1).

« L'administration et le commissaire du pouvoir exécutif, décorés de leurs écharpes, précédés des tambours de la garde nationale et de l'institut national de musique, au centre de la troupe assemblée se sont portés vers l'autel de la patrie. Arrivés dans ce lieu, le président a adressé un discours aux citoyens de la colonne mobile par lequel il leur a démontré l'utilité indispensable de cet établissement et combien ceux qui la composent doivent se trouver honorés d'avoir mérité cette distinction. Auparavant il leur avoit lu la loi qui concerne l'organisation de la colonne mobile et les arrêtés du département (2). Les officiers ont été appelés l'un après l'autre, recon-

---

(1) Ce drapeau était probablement celui qui leur avait donné, le 16 septembre 1792, par l'Assemblée nationale. — Qu'est devenue cette précieuse relique ?

(2) L'arrêté du directoire exécutif de l'Eure est daté du 17 floréal an IV.

nus par les citoyens et le président leur a donné à chacun l'accolade fraternelle.

« Ensuite il a adressé la parole aux généreux deffenseurs de Mayence, et après avoir peint les dangers qu'ils avoient affrontés, les fatigues qu'ils avoient essuiés et toutes les calamités qu'ils avoient endurées avec tant de persévérance, il a rappelé à l'assemblée toutes les obligations qu'on devoit leur avoir. Au nom de la commune il leur a donné des témoignages de la plus juste reconnoissance.

« Ce discours fini il s'est approché de leurs rangs et leur a présenté des branches de laurier ornées de nœuds et de rubans tricolores, destinés à être placées sur leurs têtes devenues si prétieuses et raïonnantes de gloire.

« L'accolade fraternelle a terminé cette fête et tous les assistants ont prouvé combien ils étoient sensibles à un spectacle aussi intéressant ; l'administration dans le même ordre est rentrée dans ses murs aux acclamations de : « *Vive la République !* »

Tel fut, en ce qui concerne les Bernayens, le premier acte des guerres de la
Révolution, drame héroïque s'il en fût jamais et dans lequel nos concitoyens, on
l'a vu, tinrent dignement leur rôle.

Peut-être raconterons-nous, plus tard,
les luttes formidables, inouïes et insensées
du Directoire, du Consulat et du premier
Empire. Bien qu'affreux en son dénoûment
ce second acte est riche aussi en traits
héroïques. Pour notre part, nous sommes
fier d'avoir eu notre enfance bercée par
un de ces braves (1) qui promenèrent le
drapeau tricolore dans l'Europe entière !

E. VEUCLIN.

Volontaire au 17ᵉ Territorial.

Bernay, le 31 Mai 1886.

---

(1) Notre aïeul du côté maternel, Morière,
Pierre, partit sous les drapeaux à l'âge de 21
ans, en 1812 ; il entra à la 46ᵉ cohorte le 21
avril, puis, le 24 janvier 1813, il passa au 7ᵉ régiment d'Artillerie à pied (469) qui fit toutes les
campagnes jusqu'en 1815, année où il fut licen-
cié le 3 septembre. Ce vieux brave, qui aimait
tant à nous raconter sa vie de soldat, est mort,
en 1872, à la Goulafrière. Nous saluons avec
orgueil sa mémoire vénérée.   E. V.

ODE
SUR LE TRIOMPHE DES ARÉMES
DE LA RÉPUBLIQUE

Récitée à la fête célébrée dans la commune de Bernay, le 14 messidor an II (2 juillet 1794), en rejouissance de l'évacuation du territoire français par les armées des tyrans coalisés.

O toi qui de l'oubli des tems
Scais des héros venger la gloire,
Illustre fille de Mémoire
Viens présider à mes accens,
Viens, que ton feu sacré m'inspire,
Que d'un saint et mâle délire
Par toi mon cœur soit transporté :
Faisons respecter d'âge en âge
Et les vertus et le courage
Des Enfants de la Liberté.

Partout de l'aurore au couchant,
Des bords du Tibre à la Belgique,
Les armes de la République
S'avancent d'un pas triomphant.
Nos fiers guerriers, par leur vaillance,
Ont repoussé loin de la France
Tous les esclaves abrutis,
Et du moins notre âme attendrie
Ne compte plus dans la patrie
Que des frères et des amis.

Quels monumens chers à nos cœurs
Offrent au burin de l'histoire
Et les triomphes et la gloire
De nos généreux défenseurs.
Voyez partout les patriotes,
Des orgueilleux et vils despostes
Sapper les trônes chancelans.
Dans nos belliqueuses armées
D'une égale ardeur animées,
Tout est héros, jusqu'aux Enfants.

Barra peut repousser les traits
Que lui lance un brigand farouche,
Mais il faudrait souiller sa bouche
D'un nom détesté des Français,
Plutôt mourir : et pour replique :
Vive à jamais la République !
Dit-il, frappé d'un coup mortel,
Et, soudain, son âme affranchie,
Planant encor sur la patrie,
S'élance au sein de l'Éternel.

Mais qui vient fixer nos regards
Par un nouveau trait d'héroïsme ?
De l'insolent fédéralisme
Qui fait pâlir les étendarts ?
Sur les rives de la Durance
C'est Viala, c'est lui qui s'avance
Trancher un câble menaçant :
J'entends encor sa voix qui crie :
Français, j'ai sauvé la patrie,
Vivez libres, je meurs content.

Que peut désormais contre nous
Des rois la horde sanguinaire,
Vils tyrans vous aurez beau faire,
Nous serons libres malgré vous.
Lâche Albion, cité perfide,
Que devient la rage homicide
De tes esclaves abattus ?
Vante-nous encor tes maximes :
Quand tu n'enfante que des crimes,
Nous n'enfantons que des vertus.

O vous que dans les champs d'honneur
Tous les vœux se plaisaient à suivre,
Tous qui même en cessant de vivre,
Avez fondé notre bonheur,
Du haut de la voûte azurée
Contemplés la France éplorée,
Gémir sur vos mânes sanglans.
S'ils ont vos vertus en partage,
Nous léguerons pour héritage
Notre douleur à nos Enfans.

Mais, que dis-je ! plus de regrets,
Brisons nos lampes sépulcrales,
En fleurs, en palmes triomphales
Changeons de funèbres cyprès.
Les héros que la France honore
Parmi nous respirent encore
Sous l'arbre de la Liberté.
Ils n'ont fait que changer de vie,
Mourir pour sauver la patrie,
C'est naître à l'immortalité.

Par F. P. A. LÉGER.